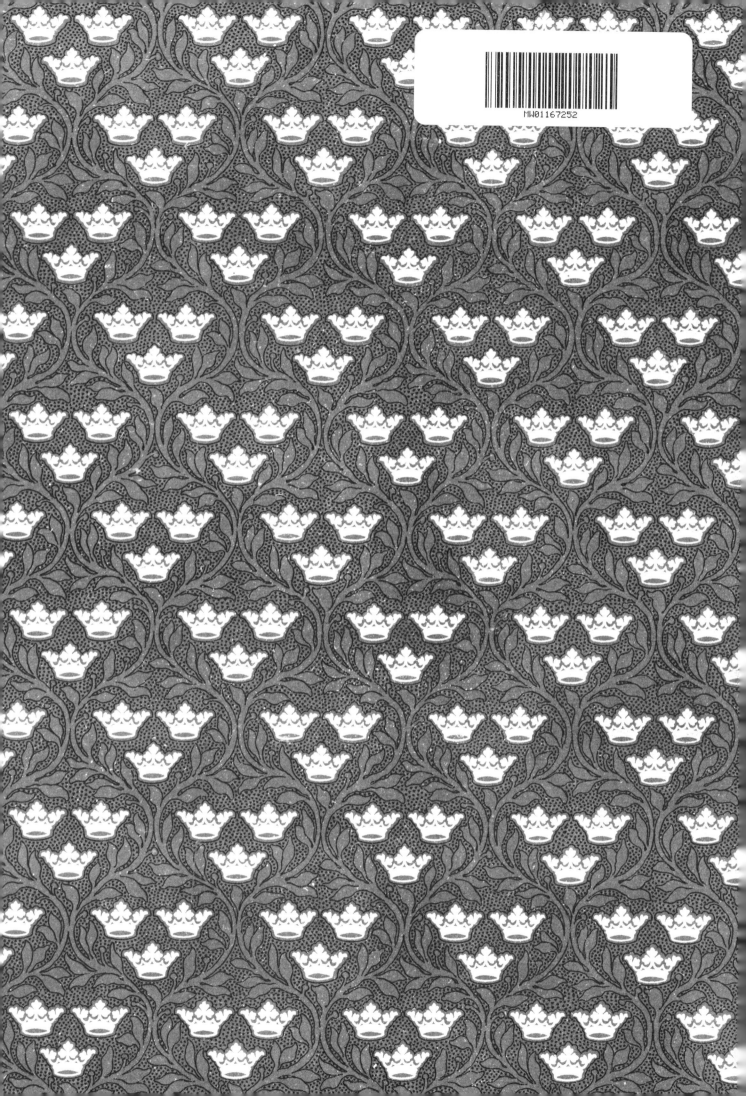

Det kungliga året 1995

Mor och dotter – drottning Silvia och kronprinsessan Victoria.

Mother and daughter – Queen Silvia and Crown Princess Victoria.

Far och dotter – kung Carl XVI Gustaf och kronprinsessan Victoria.

Father and daughter – King Carl XVI Gustaf and Crown Princess Victoria.

BOBBY ANDSTRÖM

Det kungliga året 1995

Foto ERHAN GÜNER

NATUR OCH KULTUR

Ett kungligt år är till bredden fyllt av evenemang och händelser, så även den höst, vinter, vår och sommar som redovisas i denna nittonde årgång av årsboken

Kung Carl Gustaf och drottning Silvia har bland mycket annat besökt Tjeckien på ett officiellt statsbesök och tagit emot Polens president Lech Walesa i Stockholm. Norges kungapar, kung Harald och drottning Sonja, har också varit på besök liksom Spaniens drottning Sophia, som anlände till Stockholm för att tillsammans med drottning Silvia inviga utställningen med den spanske målaren Goyas verk på Nationalmuseum.

Nobelfestligheterna i december tillhör de angenämare av de kungliga plikterna liksom riksdagens högtidliga öppnande och nationaldagsfirandet på bl a Skansen, vilka även i år var färgstarka och högtidliga evenemang med kunglig prägel. I maj kunde kungaparet också delta i återinvigningen av Katarina kyrka som för fem år sedan till stor del förstördes av en häftig brand. Nu är kyrkan reparerad och står på nytt som en samlande symbol på Södermalm i Stockholm.

En tilldragelse som fick stor internationell uppmärksamhet var Kung Carl Gustafs deltagande i fredsdagsfirandet i Paris tillsammans med en rad företrädare för såväl segermakter som förlorare. Det har gått femtio år sedan det förödande andra världskriget slutade med fred den 8 maj 1945 och Europas folk kunde hoppas på framtiden.

För den som följt den kungliga familjen alltsedan det sagolika bröllopet i juni 1976 är det nästan ofattbart att tänka sig att det nu har gått arton år sedan kronprinsessan Victoria föddes natten till den 14 juli 1977. Vi som var med på presskonferensen på Karolinska sjukhuset, när drottning Silvia hade nedkommit med familjens första barn, minns uppståndelsen och glädjen.

Under den gångna sommaren har vi fått uppleva kronprinsessans myndighetsdag, ett viktigt datum i en kvinnas liv, och speciellt är det naturligtvis när myndighetsdagen sammankopplas med hennes framtida status som Sveriges drottning. Rent praktiskt kan Victoria nu bli landets tillfälliga riksföreståndare om hennes far Carl XVI Gustaf av någon anledning, t ex bortavaro utanför landet, inte har tillfälle att utöva sina kungliga plikter.

Att kronprinsessan Victoria nu har nått den aktningsvärda åldern arton år är naturligtvis värt ett särskilt kapitel. Hon är en ung kvinna som vet vad hon vill och uppträder med säkerhet i vänkretsen såväl som i stora officiella sammanhang. Att hon gör intryck på sin omgivning bekräftades under våren när hon representerade det svenska kungahuset på ett storstilat bröllop i Spanien. Det var den 18 mars i Sevilla när spanska kungaparets dotter Elena gifte sig med Jaime de Marichalar. Bland de 1 300 gästerna röstades Victoria fram som den mest sympatiska kungligheten. Ett betyg så gott som något med tanke på att representanter från alla europeiska kungahus fanns på plats i bröllopskyrkan i Sevilla och konkurrensen därmed var stenhård. Men kronprinsessan Victoria kunde med sitt naturliga uppträdande och varma leende ta alla med storm, inte minst den grupp unga prinsar och andra ädla män som var närvarande vid bröllopet och flockades runt henne.

Internationella framgångar kan också Victorias mamma drottning Silvia notera. I den amerikanska veckotidningen People Weekly ordnades en omröstning om vilka som var världens femtio vackraste personligheter och Sveriges drottning fick som enda kunglighet en mycket hedrande placering bland de utvalda. I ett helsidesporträtt beskrevs drottning Silvia som en kronjuvel som ser ut att vara född till sin drottningroll. Den positiva publiciteten gjorde att drottningen fick extra uppmärksamhet när hon i maj, tillsammans med kung Carl Gustaf, besökte New York för att vara med på galaföreställningen av "En vintersaga" i samband med världsstadens Ingmar Bergman-festival.

I maj fick världen sin första nationalstadspark och den invigdes av kung Carl Gustaf som symboliskt släppte tre vita duvor vid invigningstillfället. Ekoparken i Stockholm, som sträcker sig från Ulriksdal via Haga och Djurgården ända ut till Fjäderholmarna, är en unik blandning av kultur och natur. Här finns inte mindre än 250 fågelarter varav ett hundratal häckande. Vidare noteras många utrotningshotade insekter i parken och nyligen har man upptäckt tre maskarter, som inte är kända någon annan stans i världen. Dessutom är beståndet av ekar här unikt för Europa.

– Att området räddats från exploatering beror till stor del på att marken varit kunglig mark, konstaterade kung Carl Gustaf i sitt anförande.

Nu hoppas man att området för all framtid skall förbli just ekopark, skyddat mot ingrepp och byggnation, till gagn för de människor som skall vistas i parken och dess närhet och att de får njuta av den natur som står till buds nära hjärtat av en av Europas vackraste huvudstäder.

Kung Carl Gustaf invigde i maj världens första nationalstadspark som ligger i Stockholm. Den sträcker sig från Ulriksdal via Haga och Djurgården till Fjäderholarna. Vid invigningen släppte kungen tre vita duvor som symbol för det fria livet i den vackra parken.

In May King Carl Gustaf inaugurated the world's first city national park. It is situated in Stockholm and stretches from Ulriksdal across Haga and Djurgården out to Fjäderholmarna in the archipelago. During the ceremony the King released three white doves symbolising the free spirit of the park.

Autumn, winter, spring and summer alike a royal year is crammed with visits, duties and engagements, and the one depicted in this the 19th edition of the royal annual is no exception.

Among their many engagements King Carl Gustaf and Queen Silvia made an official visit to the Czech Republic and received President Lech Walesa of Poland in Stockholm. The Norwegian royal couple King Harald and Queen Sonja paid a visit, as did Queen Sophia of Spain, who came to Stockholm to open an exhibition at the National Gallery of works by the Spanish painter Goya together with Queen Silvia.

The Nobel festivities in December are among the more pleasurable of the royal duties, as is the ceremonial opening of Parliament and the National Day celebrations at Skansen, which once again was a colourful and impressive event with royal overtones. In May the royal couple were present at the act of reconsecrating Stockholm's Katarina Church, which was almost completely destroyed by fire five years ago. Now fully restored, the church once more stands on South Island as a symbol of unity.

An event which attracted great international attention was King Carl Gustaf's participation in the Peace Day celebrations in Paris with many representatives of both Allies and Axis countries. It is now fifty years since the end of the devastating Second World War on 8 May 1945 when the peoples of Europe were once more able to look to the future with hope.

For those who have followed the royal family since the fairy-tale wedding in June 1976 it is almost unbelievable that it is 18 years since Crown Princess Victoria was born in the early hours of 14 July 1977. Those of us who attended the press conference at Karolinska Hospital, when Queen Silvia had given birth to the family's first child, remember that exciting occasion with pleasure.

We were able to witness the coming of age of the Crown Princess in the summer; a very important date in a woman's life, but more particularly when it is coupled with her future role as Sweden's queen. In practice Victoria may now act as Sweden's regent should her father Carl XVI Gustaf for some reason be prevented from performing his official duties.

The fact that Crown Princess Victoria has now reached the respectable age of 18 is of course in itself worth a special chapter. She is a young lady who knows what she wants and who conducts herself with confidence in the company of her friends as well as on major official occasions. That she makes an impression on the people around her was evident in the spring when she represented the Swedish royal family at a magnificent wedding in Spain. This was on 18 March in Sevilla when Elena, the daughter of the Spanish royal couple, married Jaime de Marichalar. Victoria was voted the most likeable royal among the 1,300 guests. Fine testimon indeed, bearing in mind that representatives of all the European royal families were present at the wedding ceremony in Sevilla, making the competition anything but easy. But thanks to her unaffected manner and warm smile Crown Princess Victoria was able to take everybody by storm, not least the group of young princes and other noblemen who flocked round her at the wedding.

Victoria's mother Queen Silvia has also scored some international successes. The American weekly magazine People Weekly carried out a vote to decide who were the fifty most beautiful personalities in the world, and Queen Silvia, as the only royal personage, gained a very creditable place among those elected. In a full-page portrait she was described as a crown jewel born to her queenly role. This favourable publicity led to her getting even more attention than usual when, accompanied by King Carl Gustaf, she visited New York to attend a gala performance of The Winter's Tale in conjuction with the Ingmar Bergman festival there.

The world's first city national park was inaugurated in May by King Carl Gustaf who in a symbolic gesture released three white doves. This so-called ecopark in Stockholm stretches from Ulriksdal across Haga and Djurgården right out to Fjäderholmarna in the archipelago and is a unique blend of the tract's cultural heritage and natural scenery. The area is home to no fewer than 250 bird species, of which more than a hundred breed there. There are also many endangered insect species, and three worm species unknown anywhere else in the world were recently discovered there. In addition the park's extensive stands of oak trees are unique in Europe.

In his inaugural speech King Carl Gustaf said that the tract had avoided exploitation chiefly because it had been Crown property. It is hoped that the area will be safe from development and building and remain simply an ecopark for the benefit of those who visit it and its surroundings, and that they will enjoy the natural scenery if offers close to the centre of one of Europe's most beautiful capitals.

Kungliga familjen 1995. Fr v prinsessan Madeleine, drottning Silvia, kung Carl Gustaf och kronprinsessan Victoria.

The royal family 1995. From the left Princess Madeleine, Queen Silvia, King Carl Gustaf and Crown Princess Victoria.

Julen 1994

Den kungliga familjens julfirande på Drottningholms slott är fyllt av traditioner och brukar varje år skildras i TV och press. Årets upplaga skilde sig dock på en punkt, prins Carl Philip saknas på de obligatoriska bilderna eftersom han befann sig utomlands. I stället fick de charmiga systrarna Madeleine och Victoria all uppmärksamhet vid sidan av sina föräldrar. ✹

The royal family's Christmas celebrations at Drottningholm are highly traditional and are usually covered by the news media. This year was different in one respect however – Prince Carl Philip is not in the customary family portraits as he was abroad when they were taken. Instead it was the charming sisters Madeleine and Victoria who sat beside their parents and got all the attention.

Riksdagen öppnas

Riksdagens högtidliga öppnande hör till de kungliga plikter som tilldrar sig stor uppmärksamhet. Hösten 1994 hälsades de kungliga välkomna till riksdagen av dåvarande statsministern, numera EU-fredsmäklaren, Carl Bildt och talman Birgitta Dahl. Närvarande vid detta tillfälle var också prinsessan Lilian och kronprinsessan Victoria som log mot publik och fotografer.

The ceremonial opening of Parliament is one of the royal duties that attracts a great deal of attention. On the latest occasion members of the royal family were greeted by the then prime minister, now EU mediator, Carl Bildt and Speaker Birgitta Dahl. Princess Lilian was also present together with Crown Princess Victoria smiling at the public and photographers.

Nobelfestligheterna

i december hör till årets mest spektakulära evenemang med världsvid uppmärksamhet. Genom de kungligas närvaro blir prisdagen extra guldkantad för den lysande församlingen, som samlats på podiet i Stockholms konserthus och sedan flyttar över till Stadshuset. På den stora bilden tv prinsessan Lilian. På nedre bilden ser man kung Carl Gustaf dela ut nobelpriset till 1994 års litteraturpristagare, författaren Kenzaburo Oe från Japan.

The Nobel festivities in December are among the most spectacular events of the year and capture global interest. The presence of members of the royal family makes this an extra special occasion for the distinguished assembly, which first gathers on the podium of the Stockholm Concert Hall and later proceeds to the Town Hall. Large picture left: Princess Lilian. Below: King Carl Gustaf presents the 1994 Nobel Prize for literature to the Japanese author Kenzaburo Oe.

Festen i stadshuset är alltid lika fantastisk och välregisserad. Prinsessan Christina hade ett trevligt samtal med litteraturpristagaren Kenzaburo Oe. Drottning Silvia bar briljantdiadem och runt halsen en briljantcollier med kläpp som tillhört drottning Victorias mor storhertiginnan Louise av Baden.

The party at the Stockholm Town Hall is always a spectacular and well orchestrated event. Princess Christina had a pleasant chat with laureate Kenzaburo Oe. Queen Silvia wore a diamond diadem and a diamond necklace with clasp which formerly belonged to Queen Victoria's mother, Grand Duchess Louise of Baden.

För freden

Många av världens uppmärksammade ledare har under året besökt Stockholm och kungliga slottet där kung Carl Gustaf och drottning Silvia tagit emot. FN:s generalsekreterare Boutros Boutros-Gahli med fru Leia Maria anlände till Sverige för att få ökat stöd till FN:s fredsarbete. Från Oslo, där de just mottagit Nobels fredspris, kom två av Mellanösterns politiska huvudaktörer Yassir Arafat och Shimon Peres.

Many of the world's prominent leaders have visited Stockholm and the royal palace to be greeted by King Carl Gustaf and Queen Silvia. UN Secretary-General Boutros Boutros-Gahli and his wife Leia Maria came to Sweden soliciting increased support for the UN's peace efforts. Two leading figures in Middle East politics, Yassir Arafat and Shimon Peres, came from Oslo where they had been awarded the Nobel Peace Prize.

Våren 1995 är det femtio år sedan andra världskriget sluta-
de och ett sargat Europa fick uppleva en hett efterlängtad
fred. Den historiska dagen firades på en mängd platser och
huvudstäder, bl a i Paris dit kung Carl Gustaf begett sig för
att närvara vid högtidligheterna. En stor skara statschefer
anförda av Frankrikes dåvarande president François Mitte-
rand hyllade minnet av de miljoner människor som offrade
sina liv på slagfälten.

It was 50 years ago in the spring that the Second World
War ended and a devastated Europe welcomed the eager-
ly awaited peace. The historic day was celebrated in many
places and capitals including Paris, where King Carl
Gustaf went to take part in various memorial ceremonies.
A large gathering of heads of state led by France's former
president François Mitterand paid homage to the mil-
lions who had sacrificed their lives on the battlefields.

World Cup-tävlingarna

för damer lockade många besökare till Sveriges paradvintersportort Åre. Till dem hörde kronprinsessan Victoria med kamrater som här tar sig upp på fjället i stora liften. I Åre går allt i skidans tecken och pappa kungen var inte sen att utnyttja tiden för några snabba åk i de välpreparerade pisterna.

The Skiing World Cup championships for women brought many visitors to Åre, Sweden's leading winter sports resort. They included Crown Princess Victoria and some friends who are here seen on their way up the mountainside in the big lift. Skiing is the very essence of life in Åre and King Carl Gustaf was not slow to take the opportunity to make a few quick runs down the well prepared slopes.

Kronprinsessan Victoria visade goda takter när hon gratulerade de främsta tävlingsdeltagarna i Åre, på bilden Anita Wachter och Deborah Compagnioni. Pappa kungen, som har ett helt livs erfarenhet från offentliga sammanhang, stöttade med goda råd.

Crown Princess Victoria acquitted herself well when she congratulated the leading contestants in Åre. The picture shows Anita Wachter and Deborah Compagnioni. Victoria's father has a lifetime's experience of performing official duties and offered her some sound advice.

Drottning Silvia och Spaniens drottning Sophia besökte i början av oktober den stora Goyautställningen på Nationalmuseum i Stockholm. Det var ett kärkommet tillfälle för de två nära vännerna att få studera den spanske konstnärens många utställda mästerverk. Samtidigt passade man naturligtvis på att dryfta familjefrågor och andra gemensamma ämnen.

In early October Queen Silvia and Queen Sophia of Spain visited the big Goya exhibition in Stockholm's National Gallery. It was a welcome opportunity for these two close friends to study many of the Spanish painter's masterpieces which were being exhibited. Needless to say they also discussed family matters and other topics of mutual interest.

Till Stockholm kom också under året grannarna från Oslo, det norska kungaparet kung Harald och drottning Sonja. Bilderna är tagna i Blå hallen i Stockholms stadshus när Norska Samfundet firade hundraårsjubileum med svenska kungaparet som hedersgäster.

Norwegian neighbours from Oslo King Harald and Queen Sonja also came to Stockholm during the year. The pictures were taken in the Blue Hall of the Stockholm Town Hall when the Norwegian Society celebrated its centenary with the Swedish royal couple as guests of honour.

Vinterresan till den kungliga stugan i Storlien är en tradition som kungafamiljen sällan missar. I det svenska snöparadiset upplever kung Carl Gustaf och hans familj sköna avkopplande dagar, långt från plikterna i huvudstaden.

The winter trip to the royal lodge in Storlien is a tradition which the royal family rarely misses. King Carl Gustaf and his family enjoy a period of relaxation in this winter paradise far from the duties down in the capital.

Polskt statsbesök

I slutet av mars inleddes ett tre dagars officiellt besök av Polens president Lech Walesa. Förutom Stockholm omfattades besöket av turer till Uppsala, Malmö och Lund. I sjuglasvagnen fördes presidenten till Stockholms slott där en skara polacker ivrigt väntade på sin framgångsrike landsman och stridbare fackföreningsledare från Solidaritet. På inre borggården inspekterade presidenten tillsammans med kung Carl Gustaf ett hedersgarde. Här fick han även träffa ett trettiotal representanter för den svenska statsledningen.

The end of March saw the start of an official three-day visit by President Lech Walesa of Poland, who in addition to Stockholm visited Uppsala, Malmö and Lund. The President rode in the official state coach to the royal palace where a gathering of Poles eagerly awaited their compatriot and former Solidarity union leader. Accompanied by King Carl Gustaf the President inspected the guard of honour in the inner courtyard, where he also met thirty-odd members of the Swedish government.

Till statsbesök hör galamiddag på Stockholms slott med kungaparet som värdpar. På den övre bilden tv ses president Lech Walesa och hustrun Danuta tillsammans med kungaparet. Det utvecklas stor prakt när kungaparet bjuder på fest. Här ses jägare, löpare och övriga uppvaktande formera sig. Nedan drottning Silvia tillsammans med fru Danuta Walesa, charmerande åttabarnsmor.

Gala banquets at the palace hosted by the royal couple are a feature of state visits. The picture above left shows President Lech Walesa and his wife Danuta with the royal couple. The parties given at the palace are truly spectacular affairs. The picture shows hunters, runners and other attendants assembling. Below: Queen Silvia and Mrs Danuta Walesa, a charming mother of eight.

Statsbesök i Tjeckien

I mitten av maj anlände svenska kungaparet till det som egentligen kallas Pragvår i Tjeckien. Där möttes de av president Vaclav Havel och kung Carl Gustaf inspekterade ett hederskompani i god militär ordning. Det var första gången som en svensk kung besöker det som tidigare hette Tjeckoslovakien och numera till en del heter Tjeckien. Värdparet utvecklade stor gästfrihet och bjöd på en rad intressanta besök. Bland mycket annat gjorde man en promenad på den berömda Karlsbron, smakade på Tjeckiens berömda öl och träffade representanter för svenskkolonien i Prag. Det talades mycket om kultur vid detta intressanta besök, men så rör det sig ju om Kafkas och den tappre soldatens Svejks hemland.

In the middle of May the Swedish royal couple arrived in the Czech Republic for what is popularly called the Prague Spring. They were met by President Vaclav Havel and King Carl Gustaf inspected the guard of honour in fine military fashion. This was the first visit by a Swedish king to the former Czechoslovakia, part of which is now called the Czech Republic. The hosts were very hospitable and had arranged several interesting visits. These included a stroll across the famous Karl Bridge, a tasting of the renowned Czech beer and a meeting with representatives of the Swedish colony in Prague. The conversation frequently turned to cultural matters, not surprising in the homeland of Kafka and the brave soldier Svejk.

Har den äran på namnsdagen! En verklig generalrepetition inför sommarens 18-års-dag fick kronprinsessan Victoria på sin namnsdag den 12 mars. Hon uppvaktades med blommor och en flera meter lång skylt med texten "Vi älskar Victoria". Och kronprinsessan tackade för uppvaktningen med glada och energiska vinkar.

Congratulations on your name-day!
Crown Princess Victoria had a fine rehearsal of her impending 18th birth-
day later in the summer when she celebrated her name-day on 12 March.
She was fêted with flowers and a banner several meters long declared "We
love you Victoria". Waving vigorously the happy Crown Princess expres-
sed her appreciation and gratitude.

Den 49:e födelsedagen

**Kung Carl Gustaf fick översvallande och hjärtliga uppvakt-
ningar på sin 49:e födelsedag som på Valborgsmässoafton
traditionsenligt firades på Stockholms slott. Små barn
överlämnade hårt kramade blomsterbuketter och högvak-
ten gav yttre glans åt dagen. Nu väntar femtioårsdagen och
ett firande våren 1996 som lär överträffa det mesta som
kung Carl Gustaf har upplevt.**

King Carl Gustaf received hearty congratulations on his 49th birthday which,
coinciding as it did with the Walpurgis festivities, was celebrated at Stockholm
Palace in keeping with tradition. Small children presented him with well
squeezed bouquets and the palace guard imparted a special sheen to the pro-
ceedings. The King's 50th birthday next spring is now in the offing and will, it
is rumoured, surpass almost anything he has experienced so far.

Katarina kyrka återinvigd

Fem år efter den brand som förstörde Katarina kyrka på Söder i Stockholm kunde kungaparet när-vara vid återinvigningen av helgedomen. Det spar-samt dekorerade kyrkorummet var fullsatt när bis-kop Henrik Svenungsson på slaget elva klappade på kyrkans port och öppningsceremonien kunde börja. Efter att biskopen invigt kyrkans nya dopfunt, pre-dikstol och altare överlämnade kung Carl Gustaf kungaparets gåva – en ljusstake utformad av en malmbit från en av kronorna i kyrkan som drottning Silvia fick vid ett besök i kyrkoruinen.

Five years after the fire which gutted Katarina Church on Stockholm's South Island the royal couple were able to attend the act of reconsecrating this place of worship. The plainly decorated church was full when, at precisely 11 o'clock, Bishop Henrik Svenungsson knocked on the church door to signify the start of the inauguration. When the bishop had consecrated the new baptismal font, pulpit and altar King Carl Gustaf presented the royal couple's gift – a candlestick fashioned from a piece of metal from one of the original decorative crowns presented to Queen Silvia when she visited the ruined church.

Nationaldagen 1995

Sverige firade nationaldagen med kunglig glans och strålande sol från en molnfri himmel, med andra ord en idealisk dag för nationell fest. Över allt vajade blågula flaggor. På Skansen samlades stor publik för att se och höra kung Carl Gustaf utbringa ett fyrfaldigt leve för vårt land. Hela kungafamiljen var på plats och inte minst gladde man sig åt att prins Bertil kunde delta efter sin långa sjukdomstid. Han fick en varm välkomst-hälsning av publiken.

Sweden celebrated its National Day in regal splendour and brilli-ant sunshine beneath a cloudless sky; in brief, a perfect day for a national festival with blue and yellow flags to be seen everywhere. People flocked to Skansen in Stockholm to see and hear King Carl Gustaf lead the cheer for Sweden. The entire royal family was pre-sent and people were particularly pleased to see that Prince Bertil was able to take part after his long illness. He was given a rousing welcome by the public.

41

Prins Carl Philip hade lagom till nationaldagen återvänt från sina studier i USA, här med sina systrar Madeleine och Victoria. Alla kunde konstatera att Carl Philip, nu 16 år, har blivit en lång yngling under sin bortavaro.

Nationaldagsfirandet var som vanligt uppdelat mellan Stockholm och en ort i landsorten. I år var det Norrköpings tur. Kungaparet spred glans över staden, kung Carl Gustaf avtäckte en minnessten och signerade en minnestavla med anledning av att Norrköpings promenader nu är förklarade som byggnadsminne. De första träden, drygt 1.200 lindar, planterades 1858 på Norra promenaden. De kommer att klara sig minst ett halvsekel till om inte längre. Så åkte kungligheterna med ettans spårvagn och drottning Silvia planterade en japansk magnolia i folkparken. Över det kungliga besöket ljöd en märklig konsert från tre balkonger – nio blåsare spelade Tornmusik av norrköpingsbon kompositören Bengt Göran Sköld.

Prince Carl Philip had returned from his studies in the U.S.A. just in time for the National Day celebrations and is seen here with his sisters Madeleine and Victoria. Everyone noticed that Carl Philip, who is now 16, had grown several inches during his absence abroad.

National Day celebrations were as usual divided between Stockholm and a provincial town and it was Norrköping's turn this year. The royal couple cast a glow over the city. King Carl Gustaf unveiled a memorial and signed a commemorative plaque noting that Norrköping's tree-lined promenades have now been declared a protected national monument. The first trees, about 1,200 limes, were planted in 1858 forming North Promenade. They will stand for another 50 years and probably longer. The royal visitors then took a tram ride and Queen Silvia planted a Japanese magnolia in the public park.

Kronprinsessan Victorias skolavslutning

blev en glad och otvungen tillställning. Familjen var på plats vid Enskilda Gymnasiet, likaså faster prinsessan Christina med make Tord Magnuson och massor av glada kompisar.

Crown Princess Victoria's end of term celebrations were cheerfully informal. The family was present at Enskilda High School and included Victoria's aunt Princess Christina with her husband Tord Magnuson and lots of happy schoolchums.

En stor kram

får Victoria av sin bror Carl Philip. Syster Madeleine kom med en originell present, en riktig såg! Nu väntar spännande sommarlov med många härliga attraktioner och evenemang, inte minst 18-årsdagen.

Victoria gets a big hug from her brother Carl Philip. Sister Madeleine came with a most original gift – a real saw! Victoria is now looking forward to an exciting summer break with many wonderful diversions and events, not least her 18th birthday.

För kronprinsessan Victoria har våren varit en jäktig tid med en lång rad glada och uppsluppna studentfester. En av de mera omtalade tillställningarna gick med chartrade båten Delfin XII från Skeppsbron till Loviseberg vid Ulriksdal norr om Stockholm där kamraterna Andrea Brodin och Sophie Mörner (bilden överst th) bjudit 140 kamrater på fest. Efter båtfärden eskorterades Victoria i land av Pontus Höglund. Det blev en mycket lyckad fest som inte slutade förrän tidigt på morgonen.

The spring was a busy time for Crown Princess Victoria with a round of carefree student parties. On one of the more notable occasions a group took a chartered boat, the Delfin XII, from Skeppsbron in the Old Town to Loviseberg at Ulriksdal north of Stockholm where their friends Andrea Brodin and Sophie Mörner (picture top right) had invited 140 schoolfellows to a party. After the boat trip Victoria was escorted ashore by Pontus Höglund. It was a wonderful party and went on until dawn.

Drottning Silvia

både får pris och delar ut pris. Tv ses hon med diplom och glasstatyett som Foreign Press Association tilldelade henne för osjälviskt arbete med handikappade. Samtidigt passade de utländska journalisterna i Sverige på att tacka för det fina samarbete som drottningen alltid bjuder på. Med diplomet följde också en check som adresserades till Bröllopsfonden, kungaparets fond för hjälp till handikappade barn och ungdomar. Själv delade drottning Silvia ut Drottningens pris i samband med väl genomförda tävlingar på Stockholms ryttarstadion.

Queen Silvia receives awards and presents them too. She is seen here with a diploma and glass statuette awarded her by the Foreign Press Association for her selfless work for the disabled. At the same time the foreign reporters accredited to Sweden took the opportunity to thank the Queen for her excellent co-operation with the press. The diploma was accompanied by a cheque made out to the Wedding Fund, founded by the royal couple to help disabled children and youths. Queen Silvia herself presented the Queen's Cup in conjunction with a well executed horse-riding contest.

Ståtligt bröllop i Sevilla

I mars firades ett kungligt bröllop med pompa och stât som verkligen fick Spanien att koka av glädje. Det var spanska kungaparets dotter Elena som glädjestrålande och rörd till tårar gifte sig med Jaime de Marichalar i den mäktiga katedralen i Sevilla. Kärleken hade gjort henne strålande och hon var mycket vacker när hon skred in i sin brudklänning.

Alla Europas kungahus var representerade, Sveriges av kronprinsessan Victoria som med ungdomlig charm imponerade på det guldglittrande följet. Här ses hon i närheten av prins Albert av Monaco och prins Willem-Alexander av Holland. Exkung Konstantin med drottning Anna-Maria och dottern Alexa var också med liksom den brittske tronföljaren Charles, ensam denna gång i ett större sammanhang.

March saw a royal wedding of such pomp and pageantry that it set Spain alight with joy. The Spanish royal couple's daughter Elena was radiantly happy and was moved to tears when she married Jaime de Marichalar in the imposing cathedral in Sevilla. Love had made her radiant and she looked very beautiful when she made her entrance in her exquisite wedding gown.

All the royal families of Europe were represented; Sweden's by Crown Princess Victoria whose youthful charm impressed the illustrious assembly. She is seen here close to Prince Albert of Monaco and Prince Willem-Alexander of Holland. Ex-King Konstantin with Queen Anna-Maria and daughter Alexa were there as was the successor to the throne of England Charles, alone on this big occasion.

Ett festsmyckat Sevilla mötte kung Juan Carlos och drottning Sophia när de efter vigselakten trädde ut ur katedralen åtföljda av ärkebiskopen av Sevilla.

Jordaniens drottning Noor och drottning Paola av Belgien hade åtskilligt att kommentera.

Stor succé på bröllopet gjorde kronprinsessan Victoria, utsedd att representera Sverige i den kungliga bröllpsyran. Europas samlade TV-bolag, som bevakade evenemanget, gjorde sitt bästa för att presentera den charmiga unga kvinna som en dag ska bli Sveriges drottning.

Sevilla was decked out in its festive best. After the wedding ceremony King Juan Carlos and Queen Sophia with their family left the cathedral followed by the Archbishop of Sevilla.

Queen Noor of Jordan and Queen Paola of Belgium clearly had plenty to discuss.

Crown Princess Victoria had been elected to represent Sweden and she was hugely successful in the romantic confusion of the wedding. The occasion, which was covered by all the European TV channels, was very successful in introducing the charming young lady who will one day be the queen of Sweden.

Grekiskt bröllop i London

I början av juli fick London uppleva ett bröllop med kung-
liga förtecken i stadens grekisk-ortodoxa katedral. I närva-
ro av fyrahundra gäster vigdes exkung Konstantins och
drottning Anna-Marias son Pavlos med söta Marie-Chantal
Miller, dotter till en amerikansk miljardär. På hedersplat-
ser i katedralen sågs bl a drottning Elizabeth av England
med sonen kronprins Charles, kung Hussein med drott-
ning Noor från Jordanien och det svenska kungaparet med
dottern kronprinsessan Victoria.

Brudgummen Pavlos är arvtagare till den grekiska tro-
nen och kan en dag bli statsöverhuvud i Grekland om
kungahuset får tillräckligt starkt folkligt och politiskt stöd.
Exkung Konstantin hade inbjudit en rad representanter för
den grekiska oppositionen till bröllopet – politiker som
stöder tanken på att återinföra monarkin i Grekland.

In early July London was treated to a royal wedding in
the city's Greek Orthodox cathedral. In the presence of
400 guests the marriage took place between Pavlos, the
son of ex-King Konstantin and Queen Anna-Maria, and
charming Marie-Chantal Miller, the daughter of an
American billionaire. Prominent guests included Queen
Elizabeth of England and her son Crown Prince Charles,
King Hussein and Queen Noor of Jordan, and the
Swedish royal couple and their daughter Crown Princess
Victoria.

The bridegroom is the heir to the Greek throne and
may one day, if there is sufficient popular and political
support for the royal family, be the Greek head of state.
Ex-King Konstantin had invited several representatives
of the Greek Opposition to the wedding – politicians who
support the idea of re-establishing the monarchy in
Greece.

Den 14 juli 1995

fyllde kronprinsessan Victoria 18 år och blev hjärtligt hyllad, först på Drottningholms slott av familjen och senare på dagen officiellt på Stockholms slott. Hon är nu myndig och får i egenskap av vice statschef vikariera för sin far när han inte har tillfälle att regera på grund av t ex resor utomlands. Den officiella ceremonien i Rikssalen på slottet blev bildlikt och bokstavligt en triumf för kronprinsessan som först hyllades av sin far kung Carl Gustaf med ett personligt och vamt tal. Sedan var det Victorias tur att framträda. Vänd till sin far sa kronprinsessan:

Eders Majestät, Kära Pappa,

Myndighetsdagen innebär en stor förändring för alla, när det gäller att ta ett personligt ansvar för sina handlingar och för sin framtid.

För mig tillkommer som Kronprinsessa att jag nu i större utsträckning får dela uppgifter, som Konungen har, samt hjälpa Konungen och Drottningen i Deras viktiga arbete för Sverige.

Jag vill tacka mina föräldrar för allt stöd, som de ger mig på alla områden. Det betyder oerhört mycket och hjälper mig nu att med tillförsikt ta på mig det ansvar och de uppgifter jag har som landets tronföljare.

Jag kommer alltid att vara lojal mot Konungen och mot Riksdagen. Jag kommer också att noga respektera Sveriges grundlagar.

Kära Pappa, jag vill till slut tacka för Serafimerorden, som jag har mottagit idag. Den betyder mycket och kommer att påminna mig om mitt ansvar mot Konungen och vårt land.

Efter talet fick kronprinsessan en lång och varm applåd av de närvarande. Särskilt lyckliga och stolta såg kungen och drottningen ut. Pappa klappade förtroligt Victoria på armen som tecken på sin uppskattning.

On 14 July 1995 Crown Princess Victoria celebrated her 18th birthday and was heartily congratulated, first by her family and later at an official ceremony at Stockholm Palace. She has now attained her majority and may in her capacity as vice-Head of State officiate in her father's place should he for some reason be prevented from performing his official duties. The ceremony in the Throne Room of the palace was both figuratively and literally a triumph for the Crown Princess, who was first congratulated by her father in a warmly personal speech. It was then Victoria's turn to take the stage, and facing her father she said:

Your Majesties, daddy dear,
Coming of age entails big changes for everybody, bringing as it does personal responsibility for their actions and for their future.

For me as the Crown Princess it entails sharing the King's duties to a greater extent and helping the King and Queen in the important work they are performing on behalf of the country.

I would like to thank my parents for all the support they are giving me in every aspect of my life. This is of great importance to me and will help me to assume with confidence the responsibilities and obligations I have as heir to the Swedish throne.

I will aways be loyal to the King and Parliament, and I will closely observe the Constitution of Sweden.

Daddy dear – last I should like to express my gratitude for the Order of the Seraphim which I received today. It means a lot to me and will serve as a reminder of my duties towards the King and our country.

The speech received a long and warm round of applause. The King and Queen looked especially proud. The King gave Victoria a friendly pat on the arm as a sign of his appreciation.

59

Kronprinsessan
Victorias
monogram

Efter den pampiga ceremonien i Rikssalen – med tal också av riksdagens talman Birgitta Dahl, musik och körsång – hyllades födelsedagsbarnet av många tusen människor som samlats på Norrbro framför slottet. På den officiella födelsedagsbilden ses fr v prins Carl Philip, Norges drottning Sonja, drottning Silvia, Norges kung Harald, dagens huvudperson Victoria, prinsessan Désirée, prinsessan Lilian, drottning Silvias bror Jörg Sommerlath, drottning Ingrid av Danmark, kung Carl Gustaf och prinsessan Madeleine. Med vid ceremonien i Rikssalen var även prins Bertil som varligt stöddes av prinsessan Lilian. Prinsen har en längre tid varit sjuklig men kunde glädjande nog närvara på Victorias stora dag.

Halsbandet som kronprinsessan bar till sin långa kornblå klänning fick hon i födelsedagsgåva av sina föräldrar.

Following the imposing ceremony in the Throne Room, during which there was also a speech by parliamentary Speaker Birgitta Dahl and musical interludes, Victoria was cheered and congratulated by the many thousands of people who had gathered on Norrbro in front of the palace. The official birthday portrait shows from the left: Prince Carl Philip, Queen Sonja of Norway, Queen Silvia, King Harald of Norway, Crown Princess Victoria, Princess Désirée, Princess Lilian, Queen Silvia's brother Jörg Sommerlath, Queen Ingrid of Denmark, King Carl Gustaf and Princess Madeleine. Prince Bertil, gently supported by Princess Lilian, was also present at the ceremony in the Throne Room. The Prince has been unwell for some time but happily was able to take part in Victoria's big day.

The necklace worn by the Crown Princess with her long cornflower-blue gown was a birthday present from her parents.

När kommer prinsen?

Födelsedagens folkligare del firades på Öland dit Victoria anlände senare på dagen. Klädd i ölandsdräkt visade hon ett strålande humör när hon presenterades för publiken som samlats för att hylla henne i Borgholm. Hon tvekade inte att kyssa en groda som hon fått i födelsedagspresent, men trots den kungliga kyssen uppenbarade sig inte någon drömprins, i varje fall inte just då, inför TV-kamerorna. Men kungliga sagor brukar ju få ett lyckligt slut...

The more public aspect of the birthday was celebrated on the island of Öland where Victoria arrived later in the day. She wore a local Öland dress and was in high good spirits when she was introduced to the people who gathered to cheer her. She didn't flinch from kissing the frog she received as a birthday present, but in spite of this no prince materialised, at least not just then in front of the TV cameras. However, royal fairy-tales usually have a happy ending...

©

BOBBY ANDSTRÖM AND
BOKFÖRLAGET NATUR OCH KULTUR
STOCKHOLM 1995
PHOTOS BY ERHAN GÜNER
ENGLISH TRANSLATION BY
WILLIAM PLUMRIDGE
PRODUCED BY
ANDERS RAHM BOKPRODUKTION
STOCKHOLM
PRINTED AND BOUND BY
PROOST INTERNATIONAL BOOK PRODUCTION
TURNHOUT, BELGIUM 1995

ISBN 91-27-04307-X

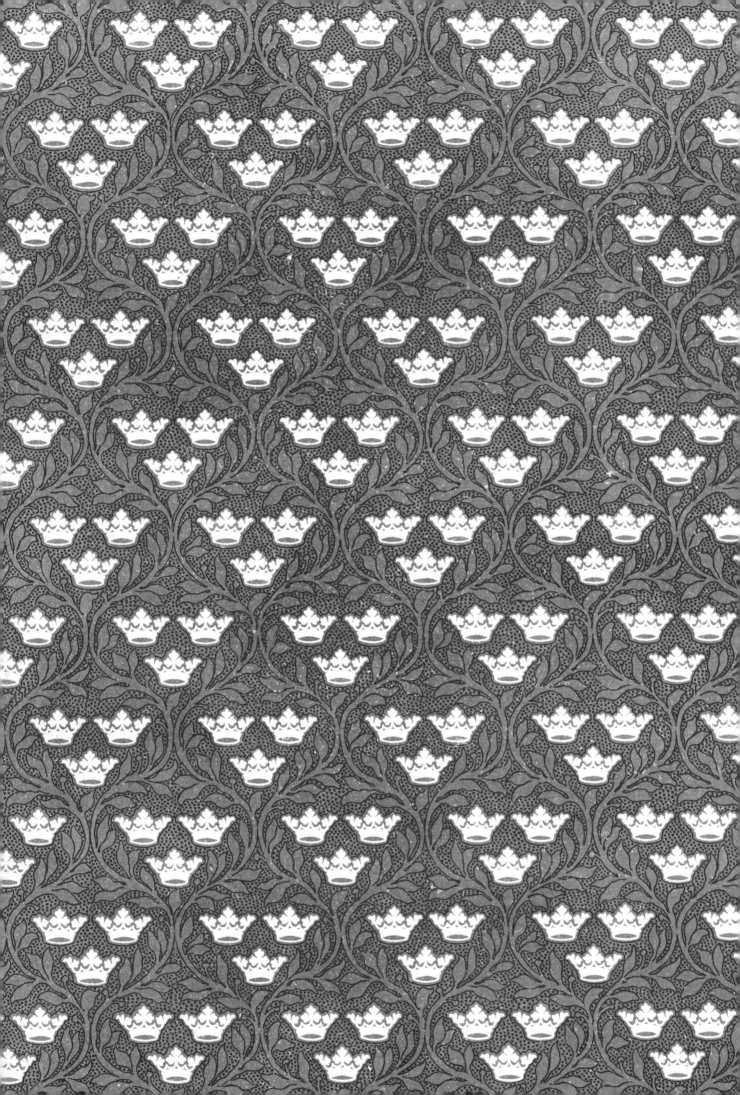